für Jakob,
Carli, Konstantin,
Chiara, Anna und Leo

.

Vom Spielplatz an den Konferenztisch
Warum Eltern oft die besseren Führungskräfte sind
Isabel Saacke, 4. überarbeitete Auflage (2017)
Herstellung und Verlag: BoD - Books On Demand, Norderstedt
ISBN: 9783732295159 100

INHALTSVERZEICHNIS

1 Ein Wort vorab

Jennifer Senior nutzte Anfang 2014 im ‚TED-Talk‘ das Zitat: „Kinder sind ökonomisch wertlos, aber emotional unbezahlbar." Im Original heißt es auf Englisch:

„Children are economically worthless but emotionally priceless."[i]

Sie beschreibt in ihrem Vortrag, dass es früher genau anders herum war. Kinder haben gearbeitet und waren daher ökonomisch wertvoll. Aber sie waren emotional eher unwichtig.

Sicher ist es illusorisch (und auch nicht wünschenswert), dass Mitarbeiter so wertvoll bzw. „unbezahlbar" für Vorgesetzte werden wie Kinder. Aber ich denke, es wäre nicht schlecht, wenn Mitarbeiter ein wenig mehr wie Kinder für Vorgesetzte werden würden. Daher schreibe ich dieses Buch.

2 Einleitung

„Wo sind die Familienmanager?", titelte das ‚Personal-magazin' schon in seiner Ausgabe 03/2010 und stellte fest, dass sich zwar der Anteil von Unternehmen, die familienfreundliche Angebote an Mitarbeiter machen, deutlich erhöht hat, diese jedoch vielfach gar nicht genutzt würden.[ii] Die ‚Führungskräftestudie 2009' der Haufe-Akademie[iii] kommt ebenfalls zu dem Ergebnis, dass obwohl 92 % der Befragten sagen, dass sie eine ausgeglichene Work-Life-Balance als wichtige Eigenschaft einer Führungskraft sehen, aber nur 43 % entsprechende Angebote auch nutzen. Als eine Erklärung für dieses Phänomen wird der Umstand genannt, dass es bislang im Top-Management kaum Vorbilder gibt, die jüngeren Führungskräften Mut machen könnten, ihr Leben trotz des Wunsches nach Karriere konsequent auf mehr Familienorientierung auszurichten. Noch immer existiert in den Köpfen die Angst, als Teilzeitkraft schnell aufs Abstellgleis zu geraten bzw. dass eine wirkliche ‚Karriere' nur unter der Voraussetzung möglich ist, dafür auch zeitlich einen sehr hohen Einsatz zu bringen. Es scheint, dass niemand, der Karriere machen will, sich traut, Maßnahmen zu nutzen, die von Unternehmen angeboten werden. Zu groß ist die Sorge vor dem negativen Image bei den Kollegen oder einem ‚Karriereknick'.

Es ist also zunächst ein Bewusstseinswandel notwendig, durch den sich die Einstellung breitmacht, dass die Führungskraft selbst, der Arbeitgeber, die Familie und auch die Mitarbeiter (also eigentlich alle) davon profitieren, wenn sich eine Führungskraft entschließt, einen Teil ihrer ‚Arbeitszeit' in das Familienleben einzubringen.

Wenn man sich vergegenwärtigt, dass es durchaus Parallelen gibt zwischen dem ‚Managen' eines Haushaltes/dem Erziehen von Kindern und dem Managen einer Abteilung/dem Führen von Mitarbeitern, so wird deutlich, dass diese beiden Lebensbereiche ohnehin nicht so scharf getrennt betrachtet werden sollten, wie das bislang der Fall ist.

Die Gemeinsamkeiten der beiden genannten Bereiche aufzuzeigen, ist mein Anliegen in diesem Buch. Ich bin durch meine eigenen beruflichen Tätigkeiten darauf gekommen, dass Kindererziehung und Mitarbeiterführung viel enger zusammen hängen, als man gemeinhin glaubt.

Mehr als 10 Jahre habe ich als Psychologin für eine Personalberatung gearbeitet. Eines meiner Aufgabengebiete war es zu beurteilen, wie Menschen sich als Führungskräfte verhalten und welche Auswirkungen das auf ihre Mitarbeiter hat. Dahinter steht natürlich die Frage, welche Art von Führungsverhalten bestimmte Mitarbeiter dazu bringt, sich so zu verhalten, wie es die Unternehmensführung gern hätte und wie es in einer bestimmten Situation notwendig ist. Wenn es beispielsweise in einer Führungsfunktion notwendig ist, bestimmte Umstrukturierungen vorzunehmen, Entlassungen durchzuführen und anschließend die verbliebenen, verunsicherten Mitarbeiter zu beruhigen und zu einer ‚schlagkräftigen' Mannschaft zusammenzuführen und zu motivieren, so erfordert dies unter anderem ein hohes Maß an Konsequenz und Zielorientierung, aber auch Einfühlungsvermögen und zwischenmenschliches Geschick. Diese Eigenschaften gilt es, im Rahmen der Begutachtung zu thematisieren und einzuschätzen, inwieweit sie bei einem Kandidaten ausgeprägt sind oder nicht.

In den Jahren 1996 bis 1999 habe ich als psychologische Sachverständige für Familien- und Vormundschaftsgerichte in Berlin und Brandenburg gearbeitet. Hier ging es unter anderem um die Erziehungsfähigkeit von Eltern, die beurteilt werden musste, weil das Verhalten der Mütter und Väter und sein Einfluss auf das ‚Kindeswohl' infrage stand. Beispielsweise sollte einmal die Frage beantwortet werden, ob es eher im Interesse der drei- und fünfjährigen Kinder (beides Jungen) sei, wenn sie beim Kindesvater lebten und von ihm erzogen würden, weil die alleinstehende Kindesmutter mit der Erziehung der Kinder (laut Jugendamt) überfordert schien. Oder ob das Erziehungsverhalten des Vaters (er galt als streng, hatte kurz nach der Geburt des zweiten Kindes sein Coming-out als Homosexueller und lebte inzwischen mit einem Mann zusammen) weniger geeignet wäre, dem Wohle der Kinder zu dienen. Oder aber ob es sinnvoll wäre, die Kinder zu trennen und nur den älteren Jungen (der eine engere Beziehung zum Vater hatte als der jüngere Sohn) zu ihm zu schicken. Besondere Anforderungen an das Erziehungsverhalten der Eltern waren hier also ebenfalls gefordert. Vor allem Konsequenz, aber auch ein besonders hohes Maß an Einfühlungsvermögen, da es darum ging, zwei verunsicherte Kinder zu verstehen und auf ihre Bedürfnisse einzugehen.

Mir wurde irgendwann bewusst, dass es ziemlich viele Überschneidungen gibt zwischen den beiden Fragestellungen. Ich habe begonnen, dem etwas genauer auf den Grund zu gehen. Das Ergebnis ist das vorliegende Buch.

3   Was sagt die Wissenschaft?

Vergleicht man die Führungsforschung und die erziehungswissenschaftliche Forschung, so finden sich erstaunlich viele Gemeinsamkeiten. Nicht nur die Forschungsmethoden haben sich in beiden Fächern analog entwickelt. Es hat eine Entwicklung weg von einer qualitativen Forschungstradition hin zur empirischen Sozialforschung stattgefunden, welche die Überzufälligkeit des Auftretens einer Beobachtung/eines Ereignisses in den Mittelpunkt der Beweisführung rückt.

Aber auch inhaltlich existieren viele Parallelen. Bei näherer Überlegung sind diese so überraschend nicht, haben wir es doch in beiden Fällen mit zwischenmenschlichen Interaktionsprozessen zu tun. Außerdem besteht zwischen dem ‚Führer‘ und dem ‚Geführtem‘ auf der einen Seite und dem Erzieher und seinem ‚Zögling‘ auf der anderen Seite eine ähnlich asymmetrische Beziehung. Diese Beziehungskonstellation beinhaltet ein Machtgefälle. Der Lehrer wie auch die Führungskraft besitzt disziplinarische Befugnisse gegenüber dem Schüler bzw. dem Mitarbeiter.

3.1 Parallelen in Geschichte und Entwicklung zweier Forschungsgebiete

3.1.1 Die Wurzeln: Der Sozialpsychologe: Kurt Lewin (1890–1947)[iv]

Man kann Kurt Lewin als den ‚Vater' der Führungs-, aber auch der Erziehungsstilforschung bezeichnen. Er und seine Kollegen Lippit und White haben 1938 die Auswirkungen unterschiedlicher Führungsstile auf eine Gruppe von Kindern in einem wichtigen Experiment untersucht. In diesem Experiment wurde untersucht, wie sich unterschiedliche Führungsstile auf das Verhalten 10-jähriger Jungen in einem Jugendcamp auswirkten. Folgende drei Führungsstile wurden unterschieden:

- Autoritärer Stil,
- Demokratischer Stil und
- Laissez-faire-Stil

3.1.2 Noch heute in aller Munde: Stil-Konzepte

Es geht also um sogenannte ‚Stil-Konzepte', d. h. es wird angenommen, dass Führungskräfte und Erziehungspersönlichkeiten einen bestimmten ‚Stil' in ihrem Handeln haben. Die Stile von Lewin lassen sich folgendermaßen beschreiben:

Ein autoritärer Führer trifft alle Entscheidungen selbst und allein, er bestimmt, wer welche Tätigkeiten durchführt, verteilt Lob und Tadel nach eigenem Gutdünken usw. Bei demokratischer Führung werden alle wichtigen Fragen in der Gruppe diskutiert und die Gruppe trifft die Entscheidungen. Lob und Tadel werden nach sachlichen und objektiven Kriterien angewendet. Die Laissez-faire-Führung kann kaum als Führung bezeichnet werden, denn sie besteht im Wesentlichen darin, dass der Führer nie eingreift, es sei denn er wird dazu aufgefordert oder um seine Meinung gefragt.

Die Forscher stellten fest, dass der demokratische Führungsstil mehr als die beiden anderen Stile Aggressionen mindere, Gruppenzugehörigkeit, Zufriedenheit und Leistungen hingegen fördere. Allerdings konnten diese Interpretationen kritischer Betrachtung nicht standhalten. Lewins Kritiker bemängeln, dass seine Ergebnisse nicht immer eindeutig und bisweilen widersprüchlich seien. Außerdem wurde ihm unterstellt, dass er an sich ein Anhänger von Demokratie war und seine Ergebnisse auch in einem ‚politischen Licht' zu sehen seien.

Tannenbaum und Schmidt (1958)[v] haben die Konzeption von Lewin aufgegriffen und weiterentwickelt. Sie unterscheiden insgesamt sieben verschiedene Führungsstile. Den autoritären, patriarchalischen, informierenden, beratenden, kooperativen, delegativen und den autonomen Führer. Diese Führungsstile wechseln im Hinblick auf die Willensbildung, die entweder ‚beim Vorgesetzten' oder ‚beim Mitarbeiter' liegt.

In der Erziehungsstilforschung greift man ebenfalls auf die Ergebnisse der Experimente von Lewin und seinen Mitarbeitern zurück. Die drei Erziehungsstile wurden später von Glen Elder (1974)[vi] um vier weitere ergänzt, sodass insgesamt ebenfalls sieben Typen unterschieden werden, die auch in der heutigen Diskussion noch eine große Rolle spielen. Diese sieben Erziehungsstile lassen sich ebenfalls auf einem Kontinuum abbilden, das von ‚autokratisch' bis ‚negierend' reicht. Der Erziehungsstil ist entweder ‚sehr streng' oder ‚sehr locker'.

In der Praxis ist diese Unterscheidung nicht so eindeutig, da zum einen nicht immer eine klare Trennung der Stile möglich ist, zum anderen, weil häufig Mischformen auftreten.

Außerdem ist die Klassifizierung eines Erziehungs- oder auch Führungsstils und der damit verbundenen Methoden in der praktischen Anwendung nicht so einfach. So kann es zum Beispiel sein, dass Erzieher mit überwiegend demokratischem Stil in einigen Bereichen autoritäre Methoden anwenden.

3.1.3 Ohne ‚Brüche': Die dimensionale Betrachtungsweise

Aus diesem Grund hat sich die psychologische Forschung von Stil- und Typenkonzepten ab- und zunächst einer dimensionalen Betrachtungsweise zugewandt. So haben beispielsweise Blake & Mouton (1964)[vii] die Unterscheidung zwischen den Dimensionen ‚Mitarbeiterorientierung' und ‚Aufgabenorientierung' vorgenommen. Ein aufgabenorientierter Führer konzentriert sich in erster Linie darauf zu organisieren, zu planen und zu koordinieren, um eine bestimmte Aufgabe zu lösen. Ein mitarbeiterbezogener Führer hingegen wendet seine Aufmerksamkeit im Arbeitsprozess vor allen Dingen den persönlichen Bedürfnissen und Erwartungen seiner Mitarbeiter zu. In der Erziehungspsychologie wurde mit der Differenzierung zwischen ‚Wertschätzung' und ‚Lenkung/Kontrolle'([viii]) ein ähnliches Konzept eingeführt.

‚Dimensional' bedeutet in diesem Zusammenhang, dass sich ein bestimmtes erzieherisches oder führungsbezogenes Verhalten auf einem bzw. mehreren Kontinuen abbilden lässt. Das Verhalten dieser Dimensionen kann dann in graduellen Abstufungen stärker oder schwächer ausgeprägt sein. Ein Führer verhält sich z. B. stark aufgabenorientiert und wenig mitarbeiterorientiert oder umgekehrt. Oder er zeigt sich mittelmäßig stark an der Aufgabe interessiert und wenig oder gar nicht an seinen Mitarbeitern. Alle Kombinationen sind möglich. Im Bereich der Erziehung ist dies analog zu verstehen. Erziehungsverhalten kann stark lenkend und kontrollierend sein oder aber sich durch Gewährenlassen und das Geben von Freiräumen auszeichnen. Gleichzeitig unterscheiden sich Erzieher in dem Ausmaß, in dem sie Kindern/Schülern Wertschätzung und Unterstützung zuteilwerden lassen. Tausch & Tausch (1963) haben das für Erziehungsstile, Blake & Mouton (1964) für Führungsstile.

3.1.4 Im Fokus: Das Verhalten von Führungskräften und Erziehern

Die ‚dimensionalen' Modelle sind stark verhaltensorientiert konzipiert. Das bedeutet, man hat sich von der Frage leiten lassen, wie sich Führungskräfte/Erziehungspersonen verhalten sollten, um den größtmöglichen Einfluss auszuüben. Dahinter stand natürlich immer die Frage, welches Verhalten ‚das beste' sei, also zu den erfolgreichsten oder glücklichsten Kindern, besten Arbeitsergebnissen, der höchsten Mitarbeiterzufriedenheit etc. führt. Zu diesbezüglich einheitlichen Forschungsergebnissen kam es aber nicht, was den Schluss nahelegt, dass die Modelle wesentliche, den Führungs- und Erziehungsprozess bestimmende Merkmale nicht berücksichtigten.

3.1.5 Alles wird immer komplexer

In den folgenden Jahren wurden die Führungstheorien daher immer komplexer (und auch schwerer verständlich). Immer mehr ausschlaggebende Faktoren wurden mit einbezogen. Man hat sich mit der Frage beschäftigt, welche Einflussfaktoren denn das Verhalten einer Führungskraft im Einzelnen bestimmen. In einigen Theorien wurden ,personenbezogene Variablen' wie die Motivation der einzelnen Mitarbeiter in den Fokus gerückt. Mit dem Einbeziehen von ,situativen Faktoren' wurde die Bedeutung unterschiedlicher Merkmale einer Arbeitssituation/einer Aufgabe für erfolgreiches Verhalten einer Führungskraft hervorgehoben. Eine Führungskraft muss sich beispielsweise Arbeitern, die in der Produktion eines Unternehmens am Fließband Routinetätigkeiten ausführen, anders gegenüber verhalten als Arbeitern auf einer Baustelle, deren Aufgabe es ist, gemeinsam einen Dachstuhl zu errichten.

Im Bereich der Erziehung hat sich ein ähnlicher Prozess vollzogen. Es wurde vor allem den Interaktionen zwischen Erziehern und Zöglingen eine zunehmend größere Bedeutung beigemessen. Diese Interaktionen wiederum werden als stark abhängig von persönlichen Merkmalen der Beteiligten und Merkmalen der Erziehungssituation betrachtet. Wie gut Erziehung ‚klappt', hängt also auch davon ab, wie gut Lehrer und Schüler/Kind und Eltern von ihrer Persönlichkeit her zueinander passen und in welchem Erziehungskontext (z. B. Großfamilie oder Ein-Kind-Familie) sie zueinanderstehen. Heute hat sich insgesamt die Erkenntnis durchgesetzt, dass es weder einen ‚richtigen' Führungs- oder Erziehungsstil bzw. ein bestimmtes, immer sinnvolles Führungs-/Erziehungsverhalten gibt noch prädestinierte Führungs- oder Erziehungspersönlichkeiten. Vielmehr herrscht durchweg die Auffassung vor, dass erfolgreiche Führung/Erziehung in Abhängigkeit von Merkmalen der beteiligten Personen und der jeweiligen Situation bzw. des Kontextes variieren muss. Außerdem behaupte ich, dass Ziele sowohl in der Mitarbeiterführung als auch bei der Erziehung von Kindern eine Rolle spielen sollten.

Führungs- und Erziehungserfolg hängen also davon ab, wie sich Mitarbeiter bzw. Kinder verhalten, was letztlich v. a. durch deren Persönlichkeit, durch die Persönlichkeiten der Erzieher und der Führungskräfte sowie die speziellen Anforderungen der Situation bestimmt wird. Außerdem spielt eine Rolle, was man konkret erreichen will (Ziel).

Natürlich bestehen noch jede Menge Wechselwirkungen, was wieder einmal zeigt, dass die Realität sehr komplex ist.

3.2 Wozu das Ganze?

Nun mag man sich fragen, weshalb das alles von Bedeutung ist. Es belegt die Ähnlichkeit der beiden Gegenstandsbereiche und wirft damit die Frage auf, weshalb sich nicht schon längst die Erkenntnis durchgesetzt hat, dass eine Führungskraft von einer ‚Auszeit' zu Hause profitieren könnte.

Es zeigt auf, wo wir heute stehen, d. h. was der heutige Stand der Forschung bezüglich der beiden Gegenstandsbereiche ist. Das wiederum ist wichtig für ein Verständnis der Interaktionsprozesse zwischen Lehrern/Eltern und Führungskräften einerseits und Kindern/Mitarbeitern andererseits.

5 Parallelen zwischen Kindererziehung und Mitarbeiterführung

5.1 „Ich schaff' das ganz alleine."
Die meisten Kinder und Mitarbeiter streben nach Selbstentfaltung und Selbstständigkeit

Für meinen Sohn gab es nichts Schöneres, als Dinge selbst auszuprobieren und sie eigenständig, ohne meine Hilfe, zu „schaffen". „Ich schaff' das ganz alleine" – mit diesem Satz kommentierte er die oft sehr unbeholfenen Versuche, alleine ins Auto zu klettern, sich sein Marmeladenbrot zu schmieren, einen Legoturm zu bauen oder die Schuhe anzuziehen. Wenn ich – um den Vorgang zeitlich abzukürzen – behilflich sein wollte, erntete ich großen Unmut. Mit eingezogenen Schultern ließ ich ihn dann in der Regel machen – auf die Gefahr hin, dass alles entweder Ewigkeiten dauerte oder in einer Katastrophe endete. Wenn es aber gelang, war er unbändig stolz und glücklich, und auf zu neuen Taten. Allein das entschädigte mich für mancherlei Warterei, aber auch der Umstand, dass seine Selbstständigkeit langfristig gesehen natürlich auch für mich von Vorteil war.

Ähnliche Erfahrungen machen junge Führungskräfte, wenn Sie das Delegieren lernen müssen. Oft habe ich in meiner Praxis den Satz gehört: „Ich mache das einfach lieber schnell selbst." Die meisten jungen Führungskräfte kennen die Unbehaglichkeit, die einen überfällt, wenn man Dinge aus der Hand gibt und nicht sicher ist, dass sie am Ende so erledigt werden, wie man es selbst für richtig hält. Einer meiner Klienten, Herr X, erzählte mir, er habe nach seiner Ernennung zum Abteilungsleiter in einer großen Versicherungsgesellschaft monatelang weiter jede PowerPoint-Präsentation selbst gemacht, weil PowerPoint schon immer sein Steckenpferd und er sicher gewesen sei, dass keiner außer ihm so schöne Folien gestalten würde. Nach ungefähr einem halben Jahr war er einem Nervenzusammenbruch nahe, weil sich die Arbeit auf seinem Schreibtisch türmte und er nicht mehr wusste, wie er ihrer Herr werden sollte. Herr X hätte zwei Fliegen mit einer Klappe geschlagen, hätte er die Erstellung von Präsentationen von vornehrein einem (dafür talentierten) Mitarbeiter überlassen: Letzterer wäre motiviert gewesen, weil er die Möglichkeit gehabt hätte, sich zu entfalten. Vielleicht hätte das Ganze länger gedauert als bei Herrn X, vielleicht wäre die erste Fassung der Präsentation noch nicht gut genug gewesen. Aber Herr X selbst hätte die Sache vom Tisch und Zeit für andere Themen gehabt.

Auszuprobieren und eigene Erfahrungen zu sammeln, auch aus Fehlern zu lernen, ist eine Voraussetzung für menschliche Entwicklung und Lernen. Nicht nur Eltern, sondern auch Führungskräfte sind daran interessiert, dass ihre ,Schützlinge' sich entwickeln und möglichst rasch immer selbstständiger werden.

Was wissen wir also über den menschlichen Drang/Antrieb, sich zu entwickeln und die eigenen Potenziale zu entfalten?

Es gibt innerhalb der Psychologie einige Experten (die teilweise ganze ,Schulen' begründet haben), die annehmen, dass der Mensch an sich und ,in sich' bereits alle Potenziale birgt, die für eine erfolgreiche Entwicklung notwendig sind. Eine wichtige ,Schule' innerhalb der Psychologie ist die ,Humanistische Psychologie' und einer ihrer wichtigsten Vertreter Carl Rogers (1902–1987)[ix].

Dem theoretischen Ansatz von Rogers liegt ein humanistisches Menschenbild zugrunde. Anders als in der Psychoanalyse und den kognitiven Verhaltenstheorien, wo unbewusste Triebe bzw. Reiz-Reaktions-Verhalten den Menschen bestimmen, geht die humanistische Psychologie von der Selbststeuerung des Individuums aus. Der Mensch wird als ganzheitliches Wesen betrachtet, dessen Ziel die Selbstverwirklichung ist. Es wird davon ausgegangen, dass jeder Mensch dazu in der Lage ist, seine Fähigkeiten bestmöglich einzusetzen, um all seine Bedürfnisse zu befriedigen. Die Humanisten gehen davon aus, dass jedes Verhalten sinn- und zielorientiert ist. Destruktives Verhalten entsteht nur dadurch, dass die Selbstverwirklichungstendenz durch äußere Einwirkungen gestört wird. In seinen Büchern und Aufsätzen übertrug Rogers die personenzentrierten Prinzipien auch auf andere Gebiete wie die Pädagogik und die Erwachsenenbildung, Partnerschaft und Familie, Großgruppen und interkulturelle Workshops. Carl Rogers gilt als der Begründer der ‚klientenzentrierten Gesprächstherapie', neben der Psychoanalyse und der Verhaltenstherapie die dritte psychotherapeutische Richtung, die heute allgemein, auch wissenschaftlich, anerkannt ist. Es ist eine Methode, die sich sowohl für die Arbeit mit Kindern als auch für die Arbeit mit Erwachsenen eignet.

Die Sorge vieler Unternehmenslenker, dass Mitarbeiter, wenn man sie ‚an der langen Leine' führt, Dinge tun, die nicht sinnvoll sind, ist nach dieser Theorie also unbegründet. Dasselbe gilt für Eltern, die sich darüber Sorgen machen, was ihre Sprösslinge wohl tun, wenn sie ihnen nicht permanent sagen, was sie tun sollen.

Wir gehen also von einem humanistischen Menschenbild aus und nehmen an, dass Kinder, ebenso wie erwachsene Mitarbeiter, prinzipiell danach streben, sich permanent weiterzuentwickeln. Der ‚Sinn' bzw. das ‚Ziel', an dem sich das selbstgesteuerte Verhalten orientiert, ist die Befriedigung eines bestimmten Bedürfnisses. Menschliche Bedürfnisse werden auch ‚Motive' genannt. Einer der bekanntesten humanistischen Motivationsforscher ist der Psychologe Abraham Maslow[x]. Er formulierte die sogenannte ‚Bedürfnispyramide', nämlich fünf verschiedene Bedürfnisklassen, die aufeinander aufbauen und in ihrer Abfolge immer (d. h. bei allen Menschen) gleich sind. Die fünf Bedürfnisklassen nach Maslow können kurz in folgender Weise charakterisiert werden:

1. Die Grundbedürfnisse umfassen das elementare Verlangen nach Essen, Trinken, Kleidung und Wohnung. Ihr Vorrang vor den übrigen Bedürfnisarten ergibt sich aus der Natur des Menschen.
2. Das Sicherheitsbedürfnis drückt sich aus in dem Verlangen nach Schutz vor unvorhersehbaren Ereignissen des Lebens (Unfall, Beraubung, Krankheit etc.), die die Befriedigung der Grundbedürfnisse gefährden können.
3. Die sozialen Bedürfnisse umfassen das Streben nach Gemeinschaft, Zusammengehörigkeit und befriedigenden sozialen Beziehungen.

4. Wertschätzungsbedürfnisse spiegeln den Wunsch nach Anerkennung und Achtung wider. Dieser Wunsch bezieht sich sowohl auf Anerkennung von anderen Personen als auch auf Selbstachtung und Selbstvertrauen. Es ist der Wunsch, nützlich und notwendig zu sein.

5. Als letzte und höchste Klasse werden die Selbstverwirklichungsbedürfnisse genannt. Damit ist das Streben nach Unabhängigkeit und nach Entfaltung der eigenen Persönlichkeit gemeint.

Maslows Theorie ist vielfach kritisiert worden, hat aber bis heute einen hohen Stellenwert, auch innerhalb der akademischen Psychologie. Dies liegt wohl unter anderem daran, dass es recht gut funktioniert, die Pyramide auf sich selbst anzuwenden. Und es gelingt ebenfalls, sie auf Kinder und Erwachsene gleichermaßen anzuwenden. Lediglich die Art, wie sich Kinder und Erwachsene selbst verwirklichen, unterscheidet sich maßgeblich: Kinder tun dies hauptsächlich durch das Spiel, Erwachsene meist durch andere Dinge (z. B. durch die Auseinandersetzung mit Literatur, das Ausüben einer Funktion im Sportverein, die Gründung eines Unternehmens usw.). Auf allen vorherigen Stufen hingegen fallen die Ausprägungen der Bedürfnisse sehr ähnlich aus und vor allem ist die Abfolge der Bedürfnisklassen dieselbe. Zunächst wollen Kinder wie Erwachsene ihre physiologischen Bedürfnisse befriedigt wissen (wollen also beispielsweise etwas essen, wenn sie Hunger haben), danach ist ihnen wichtig, dass ihr Bedürfnis nach Sicherheit befriedigt wird. Noch bevor das Streben nach Gemeinschaft, Zusammengehörigkeit und befriedigenden sozialen Beziehungen zum Tragen kommt, ist es Kindern wie Erwachsenen wichtig, dass sie sicher sind vor Gefahren wie z. B. Kriegen oder Naturkatastrophen. Nach der Befriedigung ihrer sozialen Bedürfnisse kommt der Wunsch nach Anerkennung und Achtung zum Tragen und zu guter Letzt der Drang zur Selbstverwirklichung bzw. der Wunsch zu ‚wachsen'. Ob und inwieweit es zu ‚Wachstum' kommt, ist individuell verschieden. Es hängt auch davon ab, ob jemand die vorherigen Bedürfnisse befriedigen konnte. Wenn also ein Mensch beispielsweise schwer erkrankt, so ist sein Bedürfnis nach ‚Sicherheit' nicht erfüllt. In der Folge wird er sein Bedürfnis nach stimmigen sozialen Beziehungen und nach Wertschätzung nicht leben können, geschweige denn Wachstumsbedürfnisse entwickeln. Bestenfalls kann er versuchen (so dies krankheitsbedingt möglich ist), diese ‚höheren Bedürfnisse' quasi kompensatorisch zu befriedigen, aber eigentlich geht es immer darum, wieder gesund zu werden. Dies gilt für Kinder ebenso wie für Erwachsene.

Eine ganz zentrale Unterscheidung innerhalb der Psychologie ist die zwischen intrinsischer und extrinsischer Motivation. Extrinsische Motivation wird ‚von außen hinzugefügt' (z. B. Belohnungen wie Gehalt oder Taschengeld) intrinsische Motivation hingegen ist ‚von innen kommend' (z. B. der Spaß an einer Aufgabe oder einem Spiel selbst).

Das Psychologie-Lexikon von Dorsch schreibt, dass die intrinsische Motivation „ein freudiges Aufgehen in der Handlung selbst ermöglicht, das von Selbstvergessenheit und völliger Konzentration auf die Aufgabe (Flow) begleitet ist. Das ist vor allem bei Tätigkeiten der Fall, die den eigenen Interessen entsprechen. Des Weiteren soll die Tätigkeit ein Gefühl der Selbstbestimmung vermitteln. Das Erleben von Autonomie entsteht dann, wenn das Individuum sich selbst als Urheber der Handlung wahrnimmt und nicht aufgrund äußerer Zwänge handelt[xi]. Die Forschung zeigt übereinstimmend, dass intrinsisch motiviertes Verhalten positive Folgen nach sich zieht. So sind damit größere Flexibilität im Denken, höhere Kreativität, bessere Lernleistungen und eine positivere emotionale Befindlichkeit verbunden.

In der Pädagogik wird intrinsische Motivation auch als Primärmotivation, extrinsische als Sekundärmotivation bezeichnet.

5.2 „Der wird mal Dirigent!"

Potenziale erkennen und fördern

Mein Sohn hat im Grunde genommen eine große Leidenschaft: Fußball! Er spielt auch ganz gut, aber leider nicht ganz so gut wie er gerne würde. Allerdings ist er ein wirklich hervorragender Torwart. Er hat exzellente Reflexe, gute Nerven und die Bereitschaft, sich in jede Ecke zu werfen, koste es, was es wolle. Auch von der Statur her ist er für die Aufgaben eines Torwarts geeignet. Er ist groß und schlank und ein wenig steif. All das sehe nicht nur ich so, sondern insbesondere auch sein Trainer. Im Feld ist er ganz gut, aber es gibt Einige, die besser sind. Sicher ist es zu früh, zu vermuten, er werde einmal Torwart werden. Aber ich bin davon überzeugt, dass es sinnvoll ist, dieses Talent bei ihm zu fördern.

Bei Führungskräften ist das meines Erachtens ähnlich. Ich hatte einmal eine Klientin, die gerne akquiriert hat. Sie erzählte mir, dass sie keinerlei Hemmungen habe, irgendwo anzurufen, und, wenn sie beim ersten Mal nicht erfolgreich war, sich eher angespornt fühlte als deprimiert. Was ich überhaupt nicht verstand, war, dass ihr Vorgesetzter dieses Talent nicht nutzte. Vielmehr hielt er sie dazu an, Berichte zu schreiben und Konzepte auszuarbeiten, was ihr nicht nur weniger Spaß machte, sondern was sie auch weniger gut konnte.

Eine andere Führungskraft erzählte mir einmal, sie habe einen Mitarbeiter, der vor allem gut darin sei, Gespräche mit Kunden zu führen und für eine gute Stimmung sowohl bei Kunden als auch im Team zu sorgen. Diese Stärken konnten sehr gut genutzt werden, um den Erfolg des Teams noch weiter zu erhöhen. Die Führungskraft setzte diesen Mitarbeiter vermehrt bei solchen Aufgaben ein und erhöhte so seine Motivation und den Spaß an der Arbeit bei allen.

Mit Carl Rogers gehen wir von einem humanistischen Menschenbild aus. Das bedeutet (im Falle von Begabungen), wir nehmen an, dass jeder Mensch ein ganzheitliches Wesen ist, das seine Fähigkeiten bestmöglich einsetzt, um all seine Bedürfnisse zu befriedigen. Der Einfachheit halber sprechen wir nur von den Grundbedürfnissen, also den physiologischen Bedürfnissen, der Sicherheit, den sozialen Beziehungen und der Wertschätzung. In erster Linie geht es in unserem Beispiel wohl um soziale Beziehungen und um Wertschätzung. Mein Sohn spielt auch deshalb Fußball, um im Team und bei seinen Klassenkameraden beliebt zu sein und um Anerkennung zu finden. Dasselbe tun Führungskräfte und Mitarbeiter, wenn sie akquirieren oder Kunden binden möchten.

Halten wir also fest, dass Mitarbeiter sowie Kinder ihre Talente dafür einsetzen, ihre Bedürfnisse zu befriedigen. Je besser sie das können, desto besser geht es Ihnen. Wenn wir Ihre Begabungen fördern, helfen wir ihnen, ihr Bedürfnis nach Wertschätzung und Anerkennung zu befriedigen. Das gilt für Kinder ebenso wie für Führungskräfte.

Wenn eine ehemalige Führungskraft nach einer Babypause in den Beruf zurückkehrt, sollte sie sich möglichst vergegenwärtigen, dass das, was sie idealerweise einige Zeit mit Kindern gemacht hat, nun auf ihre Mitarbeiter angewendet werden kann. Wenn eine Mutter darauf achtet, dass ihr Kind eine gute Förderung erhält, und zwar möglichst gemäß dessen Begabungen, so sollte sie dies auch bei ihren Mitarbeitern machen. Voraussetzung ist das genaue Hinschauen. Ein Kind einfach nach ‚Schema F' zu fördern (nacheinander dieselben Aktivitäten bei jedem Kind durchzuführen, zum Beispiel erst Mutter-Kind-Musizieren, dann musikalische Früherziehung, dann Flötenunterricht, dann Klavierunterricht und Chor usw.) ist genauso verkehrt, wie einer Führungskraft Schulungen nach ‚Schema F' zukommen zu lassen (erst Textverarbeitung, dann Telefontraining, dann Power-Point, usw.). Vielmehr sollten sowohl Mütter/Väter wie auch Führungskräfte Kinder und Mitarbeiter gezielt fördern, und zwar gemäß ihrer Begabungen.

5.3 „Vor dem Essen Hände waschen!"

Kinder und Mitarbeiter brauchen klare Regeln

Man kann sich das Leben mit Kindern sehr erleichtern, indem man ein paar Regeln einführt. Das hat nämlich zur Folge, dass man bestimmte Dinge nicht jedes Mal neu verhandeln muss. Für Kinder ist manches einfach klar (zum Beispiel dass man sich vor dem Essen die Hände wäscht usw.) und es wird auch nicht infrage gestellt. Irgendwann machen sie es vielleicht sogar von alleine. Gerade der Alltag mit einem Kleinkind, dessen Tag in keiner Weise durch den Besuch des Kindergartens oder der Schule strukturiert ist, birgt das Risiko, diesen eben nicht zu strukturieren. Die Gefahr ist groß, in den Tag hinein zu leben und, wenn das Kind um eins halt noch keinen Hunger hat, erst um zwei zu essen.

Sicher ist es sinnvoll, auch auf die Bedürfnisse von Kindern zu hören und sich danach zu richten. Aber gewisse Abläufe sind bei allen Kindern gleich (zum Beispiel dass sie nach ca. 4 h wieder Hunger bekommen), und man ist gut beraten, wenn man sich danach in seinen Handlungen richtet. Auch wenn sich ein Rhythmus erst einmal einstellen muss und dieser sicherlich von Kind zu Kind verschieden ist, so ist es doch sinnvoll (nach Meinung aller Experten) eine gewisse Regelmäßigkeit einzuhalten.

Wahrscheinlich ist es die Kunst, einerseits klare Regeln vorzugeben, andererseits einem Kind die notwendigen Freiräume zu lassen.

In einem Team oder einer Abteilung ist das nicht viel anders. Bestimmte Dinge tut man lieber am Vormittag, andere wiederum lieber am Nachmittag oder Abend. Die Teamsitzung findet immer zur selben Zeit, beispielsweise einmal in der Woche (beispielsweise montags um 14:00 Uhr) statt. Kundenbesuche eher am späten Nachmittag. Jeder Mitarbeiter braucht einerseits freie Räume, andererseits aber auch klare Regeln.

Selbstverständlich sind Mitarbeiter keine Kinder, die nicht sprechen können und nicht wissen, was wichtig ist. Dennoch gibt es Parallelen. Die Aufgabe einer Führungskraft ist es, genau zu erfassen, wie eigenständig ein Mitarbeiter ist, wie viele Regeln er braucht und wie viel Zeit, seinen eigenen Rhythmus zu finden. Aber genau das muss auch eine Mutter mit ihrem Kind tun. Das bedeutet, in beiden Fällen müssen Regeln angeboten und durchgesetzt werden, aber auch genügend Freiraum offen bleiben, Kinder wie Mitarbeiter ihren eigenen Rhythmus finden zu lassen.

Manche Mitarbeiter brauchen so wenig Regeln wie möglich, ebenso manche Kinder. Das ist aber unterschiedlich.

Es gibt andere, die sich nur wohlfühlen, wenn es klare und möglichst viele Regeln gibt. Das gilt aber ebenso für Führungskräfte und Eltern, die sich fragen sollten, was sie selber für ein Bedürfnis nach dem Geben von Regeln haben. Es ist praktisch, wenn man in dieser Hinsicht zusammenpasst. Wenn also eine Mutter ein Kind hat, das klare und möglichst viele Regeln braucht, sollte sie möglichst auch jemand sein, der gerne viele Regeln selbst aufstellt. Oder eine Führungskraft, welche ein hohes Maß an Freiräumen braucht, um gut zu arbeiten, fühlt sich wohler mit Mitarbeitern, die dasselbe Bedürfnis haben und kommt diesem Bedürfnis auch mit höherer Wahrscheinlichkeit automatisch nach.

In unserem Modell von Führungsverhalten/Erziehungsverhalten lässt sich dies schön veranschaulichen. Es geht im Grunde um die Passung zwischen ‚Führungspersönlichkeit' und ‚Mitarbeiterpersönlichkeiten' bzw. ‚Elternpersönlichkeit' und ‚Kindpersönlichkeiten'. Auch hier gibt es eine klare Parallele. Führungs- bzw. Erziehungserfolg tritt meist dann ein, wenn die Persönlichkeiten zusammenpassen.

Doch selbst, wenn man davon ausgeht, dass man sehr eigenständige Mitarbeiter/Kinder hat, so ist es notwendig, einen klaren Rahmen zu bieten. Es muss ein paar Regeln geben, sonst wissen Kinder wie Mitarbeiter überhaupt nicht, wo sie stehen. Wenn es solche Regeln nicht gibt, herrschen Chaos, Beliebigkeit und Willkür. Auch Mitarbeiter, die es begrüßen, wenn sie viele freie Räume haben, können sich das nicht wünschen. Dasselbe gilt für Kinder. Regeln geben Sicherheit. Und Sicherheit benötigen Kinder ebenso dringend wie Mitarbeiter.

5.4 „Wenn ein Löffelchen voll Zucker …"

Humor und Kreativität in Kindererziehung und Mitarbeiterführung bzw. „von der Kunst, nicht immer konsequent zu sein"

Wer das Musical „Mary Poppins" mit Julie Andrews und Dick van Dyke als Kinofilm gesehen hat, der weiß, wie wichtig eine gute und humorvolle Atmosphäre für die Produktivität innerhalb eines Systems ist. Mary Poppins schafft es, die beiden Kinder, die unter ihrer Obhut als Kindermädchen stehen, für sich einzunehmen, indem sie verrückte und eigentlich nicht mögliche Dinge tut (beispielsweise in der Szene, in der sie gemeinsam mit den Kindern deren Kinderzimmer aufräumt und die Spielsachen mit einem Fingerschnippen dazu bringt, sich selbst aufzuräumen). Außerdem ist sie einerseits streng, andererseits aber auch sehr liebevoll.

Übernatürliche Dinge kann natürlich weder eine Mutter noch eine Führungskraft vollbringen. Aber ein wenig Kreativität kann nicht schaden, sowohl im Umgang mit Kindern als auch mit Mitarbeitern. Außerdem ist es aus meiner Erfahrung auch sinnvoll, sich selbst nicht immer ernst zu nehmen.

Eine Führungskraft erzählte mir einmal, einen ihrer Mitarbeiter habe es gestört, immer im November Urlaub nehmen zu müssen, weil die anderen Mitarbeiterinnen seines Teams Kinder hatten und auf die Schulferien angewiesen gewesen seien. Er habe irgendwann ihr gegenüber vom „Wonnemonat November" gesprochen, um zu verdeutlichen, dass der November eben nicht der beste Monat zum Verreisen wäre. Daraufhin mussten beide lachen und ein schwieriges Thema konnte relativ entspannt behandelt werden.

In dem Magazin „managerSeminare" schreibt Thomas Holtbernd über den Zusammenhang zwischen Humor und Leistung[xii]. Auf Seite 37 beinhaltet ein Extrakasten eine Aufstellung der Wirkungen, die Humor in Unternehmen haben kann. Ersetzt man das Wort *Unternehmen* durch das Wort *Familie*, so kann man eigentlich ansonsten alles unverändert lassen:

„Was Humor in *Familien* bewirkt"

Zufriedenheit

Humor ...
- macht nicht Erreichbares ebenso wie ein Scheitern erträglicher
- fördert Mut und Entschlossenheit
- macht Arbeit/Zusammenleben sinnvoller

Kommunikation

Humor ...
- erleichtert die informelle Kommunikation
- festigt das Team
- fördert das Gleichgewicht sowie ein offenes Klima und erleichtert Kommunikation über Hierarchieebenen hinweg

Konfliktmanagement

Humor ...
- erleichtert einen Perspektivwechsel
- entspannt und nimmt die Angst vor dem Eingestehen eigener Schwächen
- führt durch Ehrlichkeit zu größerer Sachlichkeit

Changemanagement

Humor ...
- reduziert Widerstand
- verletzt konstruktiv Regeln und setzt Kreativität frei
- verlangt Risikobereitschaft
- fördert den Mut zu Veränderung

Philosophie

Humor ...
- fördert die Identität
- verführt zur Identifikation mit der Familie, erzwingt sie aber nicht

Atmosphäre

Humor ...
- macht ungezwungener
- verstärkt die Motivation
- Raum für Emotionen
- macht die Familie menschlicher

Denkt man sich das vorab genannte Beispiel ('Wonnemonat November'), so wird deutlich, wie Humor in spezifischen Situationen wirken kann.

5.5 „Der soll mal viel Geld verdienen!"

Von Strategien und Zielen in Kindererziehung und Mitarbeiterführung

In der Regel haben wir ein konkretes Ziel vor Augen, was wir mit unserer Erziehung oder unserer Art der Führung erreichen wollen. Die meisten Eltern möchten, dass sich ihre Kinder körperlich gut entwickeln. Deshalb bemühen sie sich darum, dass ihre Kinder gesund essen und genug schlafen. Sie möchten auch, dass sie gesund bleiben. Auch deshalb versuchen sie, ihre Kinder gut zu ernähren.

Ein anderes Beispiel ist der Fußball im Leben meines Sohnes. Einerseits erhält ihn das Training körperlich fit. Es fördert seine Gesundheit. Außerdem stärkt der Fußball sein Selbstbewusstsein. Schließlich lernt er dort viel über andere Kulturen und viel darüber, dass in Deutschland auch Menschen aus anderen Ländern zu Hause sind. Denn in seinem Verein spielen viele Jungen, deren Eltern aus einem anderen Land kommen.

Ähnliches könnte für Führungskräfte gelten. Ein Abteilungsleiter überlegt sich vielleicht, dass er gerne möglichst viele Generalisten in seinem Team hätte (Ziel). Dann würde er darauf achten, dass er seinen Mitarbeitern möglichst oft möglichst verschiedene Aufgaben zuteilt (Strategie). Oder er möchte gerne vor allem Spezialisten in seiner Abteilung haben (Ziel). Dann würde er seine Mitarbeiter eher zu solchen ausbilden, also Ihnen spezielle Aufgaben geben, die ihre Kenntnisse in einem Fachgebiet vertiefen (Strategie).

Es ist sinnvoll, sich zu vergegenwärtigen, was man überhaupt mit Erziehung oder Führung erreichen will. Das betrifft sowohl die Erziehung von Kindern als auch das Führen eines Teams.

Was für ein Mensch soll mein Kind werden? Soll es studieren? Soll es einen bestimmten Beruf lernen? Soll das Kind viele Freunde haben? Und so fort.

Was will ich mit meinem Team erreichen? Soll der Umsatz steigen? Nehme ich eine geringere Qualität in Kauf, um einen höheren Umsatz zu haben? Will ich eine möglichst geringe Fluktuation oder eine möglichst hohe Mitarbeiterzufriedenheit? Will ich meine Produktpalette erweitern? Will ich mein Team vergrößern? Und so fort!

Sowohl bei der Kindererziehung wie auch bei der Mitarbeiterführung gibt es jeweils Ziele und Strategien. Wenn zum Beispiel eine Mutter möchte, dass ihr Kind als Erwachsener ein hilfsbereiter und uneigennütziger Mensch wird (Ziel), so mag eine Strategie sein, sich selbst als

Vorbild in der entsprechenden Situationen selbstlos und hilfsbereit zu verhalten (Strategie). Wenn ein Teamleiter möchte, dass in 5 Jahren der Umsatz bei XY Euro liegt (Ziel), dann kann er beispielsweise seinen Mitarbeitern eine Umsatzbeteiligung anbieten (Strategie).

Ob die Strategien im Einzelnen richtig sind, sei einmal dahingestellt. Wahrscheinlich tun wir alle viele Dinge intuitiv oder weil viele andere sie ebenso tun oder weil schon unsere Eltern es so gemacht haben. Zu hinterfragen, warum man etwas so tut und nicht anders, ist auch eine Variante. Vielleicht ist es am besten, wenn man von allem etwas tut.

Aber wenn man den eigenen Erziehungs-/Führungsstil hinterfragt, dann merkt man, dass es zwischen Mitarbeiterführung und Kindererziehung viele Parallelen gibt.

6 Ohne familienfreundliche Arbeitszeiten geht es nicht!

6.1 Die Charta für familienbewusste Arbeitszeiten

Im Jahre 2011 hat die damalige Bundesfamilienministerin Kristina Schröder von der CDU die sogenannte „Charta für familienbewusste Arbeitszeiten" erstellt. Unterschrieben haben sie selbst sowie Professor Dr. Dieter Hundt (Arbeitgeberpräsident), Professor Dr. Hans Dieterich Driftmann (Präsident des DIHK), Otto Kenzler (Präsident des Deutschen Handwerksverbandes) sowie Dietmar Hexel (Mitglied des Deutschen Gewerkschaftsbundes). In dieser „innovativen Partnerschaft für flexible Arbeitszeiten"[xiii] verpflichten sich die Unterzeichner,

- *dass sich in Deutschland weiter ein intelligentes und modernes Verständnis flexibler Arbeitszeiten unter der Perspektive „flexibel und familienbewusst" entwickelt. Solche Arbeitszeitmodelle sollten künftig mehr Anerkennung erfahren.*

- *dass in der betrieblichen Praxis flexible und familienfreundliche Arbeitszeitmodelle ausgebaut bzw. geschaffen werden. Statt der Alternative „Halbtagsjob oder starre Vollzeitstelle" sollen mehr flexible, innova-*

tive Arbeitszeitmodelle genutzt werden, die sich auch für Führungspositionen eignen.

- dass die Tarifpartner ausreichende Spielräume für familienbewusste betriebliche Arbeitszeitvereinbarungen gewähren.

- dass eine familienfreundliche Arbeitswelt die notwendige öffentliche Unterstützung erhält, die familienbezogenen Leistungen des Staates überprüft und wo nötig weiter angepasst werden und Fehlanreize beseitigt werden.

- dass bis 2013 die Voraussetzungen dafür geschaffen werden, dass familienbedarfsgerecht dauerhafte und verlässliche Betreuungsmöglichkeiten vorhanden sind, insbesondere durch den Ausbau der Kindertagesbetreuung und der Kindertagespflege für unter Dreijährige.

- dass Arbeitgeber und Belegschaften unterstützt werden, familienfreundliche Arbeitszeitregelungen zu vereinbaren, die den Bedürfnissen sowohl der Beschäftigten als auch den jeweiligen betrieblichen Erfordernissen vor Ort Rechnung tragen. Das gilt auch für die bessere Vereinbarkeit von Beruf und Pflege Angehöriger.

Es ist also sogar politisch gewollt, dass die Arbeitszeiten familienfreundlicher werden.

Der *Mannheimer Morgen* ist allerdings skeptisch: „Es ist zu befürchten, dass das Thema nun in der Versenkung verschwindet und erst wieder auf die Tagesordnung kommt, wenn in zwei Jahren Bilanz gezogen wird. Kostbare Zeit, vor allem weil die deutsche Wirtschaft in Sachen Familienfreundlichkeit noch einen weiten Weg vor sich hat". Schließlich gehe es nicht einfach darum, ein paar Betriebskindergärten oder Homeoffice-Plätze einzurichten. Es gehe „schlichtweg um ein grundlegend neues Verständnis von Arbeit und Familie. Das ausgeklügeltste Teilzeitmodell ist nichts wert, solange eine Frau, die sich dafür entscheidet, von der Liste potenzieller Führungskräfte gedanklich gestrichen wird. Solange ein Mann, der Elternzeit in Anspruch nimmt, als nicht ehrgeizig genug gilt. Eine Führungskraft in Teilzeit – das ist in den meisten Firmen tabu".

Für die *Saarbrücker Zeitung* heißt das Zauberwort „Flexibilität": „Die muss einhergehen mit mehr Vertrauen in den einzelnen Mitarbeiter und einer Kampfansage an die auf der Anwesenheit im Betrieb basierende Arbeitskultur, wo ständige persönliche Präsenz eine Karriere-Voraussetzung ist. Berufstätige Eltern, ob in Führungspositionen oder nicht, brauchen ein Zeitmanagement, das ihren individuellen Bedürfnissen entspricht. Am Ende könnten alle Seiten profitieren. Mit besseren Rahmenbedingungen für die Vereinbarkeit von Familie und Beruf könnte sich schließlich das Thema Frauenquote fast von selbst erledigen". (Beide Pressestimmen zitiert nach n-tv-online, Februar 2011[xiv])

Ich bin mit der Bundeskanzlerin Angela Merkel der Meinung, dass „die Unterschrift unter die Charta ein hoffnungsvolles, ein gutes Zeichen, ein wichtiger Schritt ist." Ich glaube, ein Bewusstseinswandel braucht einfach Zeit. Das „grundlegend neue Verständnis von Beruf und Familie", von dem der *Mannheimer Morgen* spricht, wird in dem Maße kommen, je mehr männliche Vorstände Frauen haben, die selber berufstätig sein wollen und von ihren Männern erwarten, dass sie ebenfalls Zeit für die Familie einsetzen. Man sollte nur jetzt schon dafür sorgen, dass dann die notwendigen Rahmenbedingungen (Kita-Plätze, flexible Arbeitszeiten) gegeben sind.

6.2   Der demografische Wandel

Auch vor dem Hintergrund des demografischen Wandels (es wird in Zukunft immer mehr ältere Menschen geben)[xv] wird ein Fachkräftemangel befürchtet, der unter anderem dazu zwingt, vermehrt Frauen und ältere Menschen in Arbeit zu bringen bzw. zu halten.

Der im März 2013 veröffentlichte Schlussbericht der Enquête-Kommission „demografischer Wandel" des Deutschen Bundestages befindet, dass auf dem Arbeitsmarkt eine allmähliche Alterung der Belegschaft zu beobachten sei und dass ab dem Jahr 2020 das Angebot an Arbeits- und Fachkräften zurückgehen werde. Um einem zukünftigen Fachkräftemangel entgegenzuwirken, wird daher eine stärkere Ausschöpfung der bestehenden Beschäftigungspotenziale angestrebt – insbesondere durch eine zunehmende berufliche Einbindung von Frauen, älteren Personen und Migranten. So werden von der Kommission Maßnahmen empfohlen, die auf eine bessere Vereinbarkeit von Beruf und Familie (Kinderbetreuung, Pflege) zielen. Darüber hinaus sollen die Rahmenbedingungen für Aus- und Weiterbildung sowie lebenslanges Lernen verbessert werden. Auch Zuwanderung aus dem Ausland kann die Folgen der demografischen Entwicklung teilweise kompensieren und soll gefördert werden. Erforderlich ist jedoch eine ausreichende Integration der Migranten.

Die Alterung der Bevölkerung stellt insbesondere für die Bereiche Alterssicherung sowie Gesundheit und Pflege eine große Herausforderung dar. In Deutschland besteht ein impliziter Generationenvertrag in Form der umlagefinanzierten gesetzlichen Rentenversicherung. Demnach finanzieren die aktuell erwerbstätigen Personen die Altersversorgung der gegenwärtig im Ruhestand befindlichen Generation. Im Gegenzug erwerben sie den Anspruch, später ihre Rente finanziert zu bekommen. Durch den demografischen Wandel verschlechtert sich das Verhältnis zwischen Beitragszahlern und Rentenbeziehern so, dass der Lebensstandard nachfolgender Generationen im Alter zunehmend gefährdet ist. Um dieser Entwicklung teilweise entgegenzuwirken, empfiehlt die Kommission Maßnahmen zur Erhöhung des Rentenzugangsalters und eine Ausweitung des Versichertenkreises. Zudem sollen ergänzende betriebliche und private Formen der Alterssicherung gestärkt werden.[xvi]

Der Geburtenrückgang ist insbesondere durch den Anstieg der Kinderlosigkeit und das fast vollständige Verschwinden kinderreicher Familien geprägt. Vor allem die hoch qualifizierten Frauen haben viel in ihre Ausbildung investiert und verfügen über eine starke Berufsorientierung. Aufgrund ungünstiger Vereinbarkeitsbedingungen entscheiden sie sich häufig gegen Kinder und für Erwerbstätigkeit. Dabei spielt auch die Präsenz des westdeutschen Leitbildes der „guten Mutter", die zu ihrem Kind gehört, eine wesentliche Rolle.

Für die Verwirklichung von Kinderwünschen spielen auch die eigenen Einstellungen eine entscheidende Rolle. Daher widmet sich die Broschüre „(Keine) Lust auf Kinder" des Bundesinstitutes für Bevölkerungsforschung auch der Frage, welche Bedeutung Familie und Kinder in Deutschland im Vergleich zu anderen Lebensbereichen haben und welche Vorstellungen über das Leben mit Kindern und die gesellschaftliche Anerkennung von Elternschaft existieren. Das Elterngeld oder der Ausbau der Kinderbetreuungsplätze sollen das Vereinbaren von Beruf und Elternschaft verbessern. Das entspricht den Interessen vieler Menschen. Eltern wünschen sich vor allem mehr Zeit. Familie allgemein ist ein sehr wichtiger Lebensbereich geblieben. Das Verfolgen beruflicher Interessen, in einer Partnerschaft leben, Kontakte zu Freunden pflegen oder den eigenen Interessen und Hobbys nachgehen, haben in Umfragen eine höhere Bedeutung erlangt. Dies ist insbesondere bei den Kinderlosen ausgeprägt. Kinder stellen nicht mehr für alle, aber noch immer für sehr viele einen zentralen Lebensbereich dar.

Deutschland gehört zu den Ländern Europas mit dem niedrigsten Geburtenniveau. Eine der langfristigen Ursachen für die Fertilitätsunterschiede in Europa ist das unterschiedliche Zusammenspiel verschiedener familienpolitischer Maßnahmen, vor allem von strukturellen und kulturellen Faktoren. Positive Effekte durch politische Rahmenbedingungen setzen eine ganzheitliche und widerspruchsfreie Familienpolitik voraus, die infrastrukturelle, zeitpolitische, monetäre und gleichstellungsorientierte Elemente verbindet.[xvii]

6.3 Weniger Arbeitsstunden für Mütter, aber auch für Väter

Immer mehr Frauen in Deutschland bleiben also kinderlos,[xviii] und das liegt unter anderem daran, dass sich Frauen immer noch häufig zwischen Beruf und Kindern/Familie entscheiden müssen. Es ist daher wichtig, ihnen möglichst viele Gründe zu geben, Kinder zu bekommen und weiter zu arbeiten. Ein Grund wäre, dass sich Kinder und Beruf tatsächlich besser vereinbaren lassen. Und dazu gehören familienfreundliche Arbeitszeiten.

Zu den flexiblen Arbeitszeitmodellen gehören:

- individuell vereinbarte Arbeitszeiten
- Flexible Tages- und Wochenarbeitszeit/lebensphasenorientierte Arbeitszeit
- Teilzeit
- Telearbeit/Home Office
- Jobsharing
- Sabbaticals

Flexible Arbeitszeitmodelle bedeuten zum Beispiel, dass Vorgesetzter und Mitarbeiter gemeinsam vereinbaren, wie lange, wie viel, wann und wo gearbeitet wird. Dies betrifft die ersten vier Modelle. Zum Beispiel einigt man sich darauf, dass ein Mitarbeiter insgesamt 30 Wochenstunden arbeitet. Davon arbeitet er (oder sie) einen ganzen Tag (8 Stunden) von zu Hause aus, zwei halbe Tage ebenfalls von zu Hause aus, zwei halbe Tage im Büro und die verbleibenden 6 Stunden ebenfalls im Büro. Das Ganze für das nächste Jahr, und dann sieht man weiter.

Beim Jobsharing teilen sich zwei Arbeitskräfte eine Stelle mit beispielsweise 40 Stunden. Sabbaticals sind Zeiten, in denen gar nicht gearbeitet wird. Und zwar in Absprache mit dem Vorgesetzten. Beispielsweise arbeitet eine Mitarbeiterin ein halbes Jahr gar nicht, weil sie ihre Promotion endlich fertig machen will. Es wird gemeinsam vereinbart, wann sie aussteigt, für wie lange und als was sie wiederkehrt.[xixxx]

Von den letzten beiden Varianten habe ich noch nie etwas gehört. Weder kenne ich persönlich jemanden, der nach so einem Modell arbeitet, noch kenne ich Menschen, die jemanden kennen, der nach so einem Modell arbeitet. Wenn überhaupt, so ist wohl davon auszugehen, dass sie zumindest sehr selten sind.

In jedem Fall haben alle diese Modelle eines bzw. zwei Dinge gemeinsam:

1. Der Vorgesetzte gibt Kontrolle auf.
2. Der Vorgesetzte gibt Verantwortung ab.

Die Leistung der Mitarbeiter muss sich dann irgendwie anders messen lassen als durch die reine Präsenz am Arbeitsplatz. Und man braucht einen Vorgesetzten, der bereit ist, Kontrolle und Verantwortung abzugeben. Oft ist eine dieser Voraussetzungen nicht erfüllt.

Das alles gilt sowohl für Frauen wie auch für Männer. Auch Männer sollten Teilzeit arbeiten, in welcher Form auch immer. Das ist auch heute wenig verbreitet. Das häufigste Modell ist das, in dem der Vater Vollzeit arbeitet, die Mutter gar nicht oder Teilzeit.[xxi]Der Autor eines Artikels der Zeit online findet hierfür die Begründung, männliche Arbeitskräfte hätten nach wie vor zu viel Angst, durch Teilzeit auf das karrierebezogene Abstellgleis zu geraten. Eine andere wahrscheinliche Ursache, so das Allensbach-Institut, ist, dass sich Rollenbilder nur sehr langsam ändern. „Noch immer liefen Väter Gefahr, in die tradierte Ernährerfunktion hineinzurutschen", sagt Oliver Steinbach, Leitender Redakteur der Zeitschrift *Eltern*, die die Forsa-Umfrage in Auftrag gab."[xxii]

6.4 Ist von der Charta irgendetwas umgesetzt worden?

Im März 2013 trafen sich Vertreter aus Politik und Wirtschaft zu einem sogenannten „Familiengipfel". Neben der Bundeskanzlerin und der Familienministerin waren auch Vertreter des DGB und führender Wirtschaftsverbände dabei. Hier wurde die Charta einhellig als Erfolg benannt. Als verbindliches Zeichen gemeinsamer Verantwortung vereinbarten die Partner, zukünftig regelmäßig einen Bericht „Familie und Beruf" zu erstellen. Der Bericht soll Fortschritte und Defizite bei der Förderung einer familienbewussten Arbeitswelt dokumentieren sowie Handlungsempfehlungen an die Bundesregierung und Wirtschaft abgeben.

Außerdem hat sich Bundesregierung gefragt, inwieweit die Charta umgesetzt wurde, und das Institut der deutschen Wirtschaft (IDW) in Köln im Jahr 2013 beauftragt, eine Studie zu erstellen. Es hat festgestellt[xxiii]:

- *Das Thema Familienfreundlichkeit besitzt weiterhin hohe Bedeutung für die Unternehmen.*

- *Engagement zur Förderung familienbewusster Arbeitszeiten konsolidiert sich auf hohem Niveau.*

- *In zwei von drei Unternehmen können die Beschäftigten bei der konkreten Festlegung ihrer Arbeitszeit in großem Umfang mitwirken – individuelle Arbeitszeitmodelle und Vertrauensarbeitszeit eröffnen Gestaltungsspielräume.*

- *Der flexible Umgang mit Arbeitszeitwünschen der Beschäftigten ist wichtiger Bestandteil einer guten Unternehmenskultur.*

- *Der Umgang mit Erwerbsunterbrechungen ist eingeübt – Arbeitszeitanpassungen statt spezifischer Maßnahmen zum Wiedereinstieg.*

- *Bei der Ausgestaltung familienbewusster Maßnahmen achten die Unternehmen auf Bedarfsgerechtigkeit und Passgenauigkeit.*

- *Bei lebensphasenorientierten Arbeitszeitmodellen existiert noch Ausbaupotenzial.*

Allerdings sieht die Realität der meisten Eltern anders aus. In einem Artikel der Zeit online mit dem schönen Titel „Geht alles gar nicht"[xxiv] beschreiben die Autoren, warum es eine Illusion ist, dass sich Familie und Beruf vereinbaren lassen.

In einem Essay in der *Literarischen Welt*[xxv] hat die Schriftstellerin Julia Franck geschrieben, Schreiben und Kinder seien im Grunde unvereinbar. „Wenn ich schreibe, kann ich nicht mit meinen Kindern sein, und wenn ich mit meinen Kindern bin, kann ich nicht schreiben. Dieser Zwiespalt erzeugt eine enorm hohe Spannung, weil ich in beidem voller Hingabe lebe, beides ist Hingabe und Liebe." Und sie resümiert: „Man erlebt das Leben als ständiges Scheitern."

Alle Autoren sind sich darüber einig, dass schlicht Zeit fehlt. Alle glauben, es müsse in der Zeit, in der Kinder klein sind, weniger gearbeitet werden.

6.5 Die aktuellen Entwicklungen

Nach dem Willen der EU-Kommission (2017) sollen Eltern künftig mindestens bis zum zwölften Lebensjahr ihrer Kinder EU-weit ein Recht auf befristete Teilzeitarbeit haben. Danach sollen sie problemlos auf eine Vollzeitstelle zurückkehren können. Das berichtet die *Welt am Sonntag* unter Berufung auf einen neuen Gesetzesvorschlag zur Überarbeitung der EU-Elternzeit-Richtlinie von 2010.

Auch die jetzige Familienministerin Manuela Schwesig von der SPD ist der Überzeugung, dass mehr Mütter und Väter in Teilzeit arbeiten müssten. In ihrer Antrittsrede im Dezember 2013 hat sie die „32-Stundenwoche" für Eltern gefordert[xxvi]. Zwar hat sich die Kanzlerin davon distanziert, allerdings zogen der DGB und der DIHK nach.[xxvii] Der DGB wollte die 30-Stunden-Woche, der DIHK schlug 35 Stunden pro Woche vor. Zuletzt hat auch die Gewerkschaft IG Metall angekündigt, eine Arbeitszeit von 30 Stunden pro Woche zu fordern.[xxviii] Es bleibt abzuwarten, auf welche Lösung man sich einigt.

Außerdem hat die Familienministerin im Wahlkampf 2017 ein sogenanntes „Familiengeld" gefordert, also einen finanziellen Ausgleich für Mütter und Väter, die ihre Arbeitsstunden zugunsten ihrer Kinder „vollzeitnah" (auf

26 bis 36 Stunden pro Woche) verringern. Allerdings werden dann solche Eltern mit maximal 300 € pro Monat gefördert.

Vor allem bei Führungspositionen ist man allerdings überzeugt, dass das Arbeiten in Teilzeit gar nicht funktioniert. Denn Führungsverantwortung ist häufig mit einem erheblichen zeitlichen Mehraufwand verbunden. Auch die meisten Führungskräfte selbst meinen, sie müssten immer erreichbar sein. Daher ist Teilzeit ein unter Führungskräften wenig verbreitetes Modell. Bei Männern ist sie mit nur 2 % praktisch nicht vorhanden. Weibliche Führungskräfte arbeiten mit nur 8 % (Ost) bzw. 17 % (West) weit unterproportional in Teilzeit.[xxix]

Weniger arbeiten oder gar sich die Stelle mit einer anderen Person teilen, ist nicht gerade sehr beliebt. Eher wird es für unmöglich gehalten. Dafür gibt es eine Reihe von Gründen:

1. tradiertes Rollenverständnis
2. Angst vor Macht-und Statusverlust
3. finanzielle Einbußen
4. Anspruch auf Erreichbarkeit

Letztlich, so schreibt das Bundesministerium für Familie, Frauen, Senioren und Jugend, sei es eine „Frage der Haltung".[xxx] Man müsse familienbewusste Arbeitszeitmodelle nicht nur seinen Beschäftigten gestatten, sondern sie auch selbst leben. Nur dann werde die Angst, durch Teilzeit aufs Abstellgleis zu geraten, verschwinden. Von der obersten Führungsebene müsse signalisiert werden, dass lange Arbeitszeiten nicht mehr gleichgesetzt werden mit einem hohen Engagement. Das heißt, ganze Unternehmenskulturen müssten sich ändern. „Führung auf Abstand" müsse verstanden und gelebt werden. Um stärker in zeitlicher und räumlicher Unabhängigkeit zu führen, müsse vermehrt auf verlässliche, gemeinsame Absprachen geachtet werden. Zielvereinbarungen und Mitarbeitergesprächen komme eine noch höhere Bedeutung zu. Auch die alltägliche Kommunikation müsse aktiv gesteuert werden. Gegebenenfalls mit technischen Hilfsmitteln wie Videokonferenzen. Möglicherweise müssten Teilzeitführungskräfte und in Teilzeit geführte Teams durch Coaching-Angebote unterstützt werden, damit Vertrauen und Rücksichtnahme wachsen können.

6.6 Resümee

Das Bundesministerium für Wirtschaft und Energie hat 2014 einen Bericht veröffentlicht, in welchem auf der Grundlage von Zahlen der Bundesagentur für Arbeit festgestellt wurde, dass ein Fachkräftemangel mit hoher Wahrscheinlichkeit vorherzusagen ist.[xxxi] Fachkräfteengpässe machen sich laut Wirtschaftsministerium schon jetzt in praktisch allen Bereichen bemerkbar.[xxxii] Vor allem die Schwierigkeit, geeignete Fachkräfte zu rekrutieren, zählt hierzu. Interessanterweise betrifft dies vor allem die sogenannten MINT-Fächer (Mathematik, Informatik, Naturwissenschaften und Technik), die noch bis vor Kurzem als „bombensicher" galten.

Also stellen wir hier fest:

- Es gibt den demografischen Wandel.
- Es gibt den politischen Willen für familienfreundliche Arbeitszeiten.
- Frauen wollen früher und mehr arbeiten.
- Väter wollen mehr Zeit mit ihren Kindern verbringen.

Als hinderlich für familienfreundlichere Arbeitszeiten, in denen sowohl Mütter als auch Väter in Teilzeit arbeiten, müssen vor allem tradierte Rollenbilder gelten. In Unternehmen und vor allem bei Männern herrscht nach wie vor die Ansicht vor, man könne nur mit einer vor Ort durchgeführten Vollzeitstelle einen guten Job machen. Dass dies nicht richtig ist, zeigen verschiedene Studien. Es ist sicher eine Frage der Zeit, wann ein „Wandel der Haltung" stattgefunden hat.

Außerdem dürfte einer Reduzierung der Arbeitszeit von beiden Eltern der finanzielle Engpass entgegenstehen, in den Familien geraten, wenn sie auf Arbeitsstunden zugunsten der Zeit für ihre Kinder verzichten. Die 300 € Ausgleich, die Familienministerin Manuela Schwesig in Aussicht gestellt hat, reichen nicht aus. Sie sind vielleicht ein erster Schritt, aber Familien mit Kindern müssten noch besser gestellt werden, damit sich wirklich etwas ändert.

7 Ein Plädoyer für Mütter und Väter in Führungspositionen

7.1 Gleiche Rechte für alle

Die Gleichberechtigung von Männern und Frauen ist seit 64 Jahren in Artikel 3 des Grundgesetzes der Bundesrepublik Deutschland[xxxiii] festgelegt. Aber noch vor 36 Jahren brauchten die Frauen in Deutschland das Einverständnis ihre Ehemänner, wenn sie arbeiten wollten. Bis Ende der Fünfzigerjahre konnten sie ohne Erlaubnis ihrer Männer kein Konto eröffnen.

Es sind sich eigentlich alle darüber einig, dass Frauen in hohen Positionen stärker vertreten sein sollten. Der Spiegel zitiert in seiner Ausgabe 11 aus dem Jahr 2011 unter anderem Miriam Meckel, Professorin für Kommunikationswissenschaften: „Junge Frauen leiden oft an kognitiver Dissonanz, sie wollen nicht wahrhaben, dass ihre Aussichten beschränkt sind, weil das ihr Selbstbild erschüttert." Aber auch Hans-Olaf Henkel, Ex-Präsident des BDI, sagt: „Es ist ein Armutszeugnis für die deutsche Wirtschaft, dass Frauen in den Aufsichtsräten meist von der Arbeitnehmervertretung kommen. Wenn sich nichts ändert, muss der Gesetzgeber nachhelfen."

7.2 Braucht Deutschland die Frauenquote?

Doch trotz aller Versprechungen hat sich in den letzten Jahren nicht viel verändert. Nach wie vor– und das nach über 100 Jahren Frauenbewegung – liegt der Anteil von Frauen in Top-Führungspositionen (Vorstands-und Aufsichtsratspositionen) nur bei ca. 2,5 %[xxxiv]. Beim Anteil von Frauen an weiblichen Vorständen liegt Deutschland nur an siebter Stelle verschiedener Nationen. Die ersten drei Plätze belegen die skandinavischen Länder. Norwegen liegt mit 40 % Frauenanteil an erster Stelle. Es folgen Schweden (zweiter Platz) und Finnland (dritter Platz). Alle diese Länder haben eine staatliche Frauenquote. Norwegen hat als erstes Land der Welt für staatliche Betriebe und für alle börsennotierten Unternehmen eine Frauenquote eingeführt. Diese Quote wurde 2006 in Kraft gesetzt. Als zwei Jahre später erst 17,8 % Frauenanteil erreicht waren, drohte die Regierung mit der Auflösung von Unternehmen, die sich der Frauenquote widersetzten.[xxxv]

Nachdem René Obermann, der Chef der Deutschen Telekom, im Frühjahr 2010 eine fixe Frauenquote von 33 % bis 2015 eingeführt hat, zogen noch einige andere DAX-Unternehmen nach. So legten auch BMW, Airbus, E.on und Daimler nach.

Zahlen und Fakten sprechen also für eine Frauenquote, also sollte man sie auch einführen.

7.3 Gemeinsam geht es einfach besser!

Nach Marianne Heiß (European Finance Director bei der Werbeagentur BBDO) können wir uns den Verzicht auf einen Großteil (der Anteil von Frauen in der gesamten Bevölkerung beträgt 51 %) von fähigen Managerinnen nicht mehr leisten.[xxxvi] Denn sogenannte ‚gemischte Management –Teams' (Teams, in denen der Anteil von Männern und Frauen gleich hoch ist) sind nachweislich erfolgreicher als Teams, in denen ausschließlich Männer arbeiten. Unternehmen, die gemischte Teams haben, wachsen schneller, machen höhere Gewinne und sind an der Börse mehr wert. Das liegt wohl vor allem daran, dass solche Teams die für das Management positiven (stereotypisierten) Eigenschaften von Männern (u. a. Risikofreude und Impulsivität) und Frauen (u. a. Empathiefähigkeit und Kritikfähigkeit) vereinen. Das bedeutet auch, dass Frauen nicht besser sind als Männer, sondern einfach anders. Und es bedeutet, dass Männer und Frauen vor allem gemeinsam gut sind.

7.4 Fachkräftemangel ist vorprogrammiert

Der demografische Wandel führt dazu, dass wir in Zukunft eher unter einem Mangel an Arbeitskräften leiden als dem Gegenteil. Seit über drei Jahrzehnten folgt auf jede Generation eine kleinere Generation, weil die Zahl der geborenen Kinder nicht ausreicht, um die Elterngeneration zu ersetzen. Von der ‚umgekehrten Pyramide' des Wachstums der Bevölkerung war insbesondere im Hinblick auf die Rentenpolitik wiederholt die Rede. Aber auch der Fachkräftemangel wurde immer wieder diskutiert. Schon im Jahre 2060 wird es mutmaßlich nur noch genauso viel Menschen geben wie 1950, nämlich nur ungefähr 70 Millionen. [xxxvii] Also rund 10 Millionen weniger als heute.

Eine Führungsposition mit einer familiär bedingten Teilzeitstelle zu vereinbaren, gilt als unmöglich. Denn nach wie vor herrscht an den meisten Arbeitsplätzen die alte, erprobte Präsenzkultur. Täglich acht Stunden vor Ort zu sein, gilt noch immer als notwendig. Gleichzeitig wird bemängelt, dass in Deutschland nur so wenige Frauen überhaupt bereit sind, Kinder zu kriegen. Überraschend ist das eigentlich nicht, denn es ist ja nach wie vor so, dass Frauen das Gefühl haben müssen, sich völlig umsonst angestrengt zu haben, wenn sie für Kinder das

Berufsleben verlassen. Denn sie müssen annehmen, dass es mit einer Karriere ohnehin dann vorbei ist.

Zusammengefasst und vereinfacht gesagt heißt das, es gibt zu wenige Frauen in anspruchsvollen Führungspositionen, obwohl wir sie dringend bräuchten. Das führt natürlich zu der Frage, warum das so ist. Erklärungsansätze sehen folgendermaßen aus.

7.5 Die „gläserne Decke"

Oft ist von der sogenannten ‚gläsernen Decke' die Rede. Es ist ganz deutlich zu beobachten, dass der Frauenanteil in Führungspositionen mit der Größe des Unternehmens und mit aufsteigender Hierarchieebene abnimmt. In Deutschland ist kaum eine Frau in einem der DAX-Unternehmen im Vorstand. Der Weg in Spitzenpositionen scheitert nicht daran, dass zu wenig qualifiziertes Potenzial an weiblichen Führungskräften vorhanden ist. Dennoch schaffen es nur 22 % Frauen überhaupt auf Führungspositionen und nur 2,5 % in den Vorstand von DAX-Unternehmen.

Warum aber ist für Frauen die „gläserne Decke" scheinbar immer noch undurchdringlich? Seit über 30 Jahren gibt es unzählige Forschungsarbeiten über die Metapher der „gläsernen Decke". Der Begriff „glass ceiling" wurde in den Siebzigerjahren in den USA geprägt. Er beschreibt die subtilen, nicht oder kaum wahrnehmbaren Mechanismen, die verhindern, dass Frauen ins Top-Management aufsteigen. Mit dem Begriff „gläserne Decke" wird die Barriere zwischen dem mittleren und dem oberen Management beschrieben. Laut Marianne Heiß gibt es drei Ebenen, um dieses Phänomen zu erklären: die persönliche, die gesellschaftliche und die Unternehmensebene.

Die persönliche Ebene betrifft die spezifischen Eigenschaften von Männern und Frauen, die dieses Phänomen eher befördern. Die wettbewerbsorientierte Haltung von Männern und deren Durchsetzungskraft sowie genau das Gegenteil bei den Frauen. Außerdem besteht bei Männern in Führungspositionen nur oberflächlich eine Offenheit für Frauen in Top-Management-Positionen. Zu diesem Ergebnis kommt eine im Auftrag des Bundesministeriums für Familie, Senioren, Frauen und Jugend vom Institut Sinus Sociovision in Heidelberg durchgeführte Studie[xxxviii]. Unter der Oberfläche schlummern Chauvinisten, die lieber unter sich bleiben wollen. Die Männer in den Führungsebenen haben massive informelle und kulturell bedingte Vorbehalte gegen Frauen im Top-Management. Aber auch die Motivation auf beiden Seiten spielt eine Rolle. Männer wollen unbedingt erfolgreich sein und aufsteigen. Frauen streichen eher die Segel und ziehen sich ins Private zurück. Zumal sie sich ohnehin vor die schwierige Frage gestellt sehen, Familie und Beruf zu vereinbaren.

Die gesellschaftliche und die Unternehmensebene betreffen vor allem Vorgaben aus der Politik (fixe Frauenquote) bzw. aus den Unternehmen (Selbstverpflichtung).

Hinzu kommt, dass Frauen auch heute noch für die gleiche Leistung weniger Bezahlung erhalten als Männer. Ich habe es aber auch mehr als einmal erlebt, dass Frauen in Führungspositionen nach der Baby-Pause diese weggenommen wurde. Gleichzeitig wurden Sie gehaltlich heruntergestuft. Gemäß einer Pressemitteilung des Statistischen Bundesamtes von 2009 verdienen Frauen in Deutschland rund ein Viertel (23 %) weniger als ihre männlichen Kollegen[xxxix]. Mit dem Equal Pay Day (EPD) möchte man – symbolisch und rechnerisch – darauf aufmerksam machen, wie viele Tage im Jahr eine Frau zusätzlich arbeiten muss, um auf denselben Arbeitsverdienst zu kommen wie ihr männlicher Kollege. 2010 mussten Frauen bei gleicher Tätigkeit drei Monate länger arbeiten, um denselben Betrag auf dem Konto zu haben!

Gerade gut ausgebildete Frauen müssen sich oft entscheiden zwischen einer Familie und dem Beruf bzw. der Karriere. Sie haben das Bedürfnis, beides ‚richtig' machen zu wollen, und das Gefühl, nur eines von beidem, also entweder Beruf oder Familie, ganz machen zu können. Eine Frau muss ja in jedem Fall, wenn sie ein Kind bekommt, ein paar Wochen aus dem Berufsleben aussteigen. Wenn sie Sorge haben muss, dass ihre Karriere hinterher vorbei ist, wird sie sich das dreimal überlegen. Ich bin der Meinung, dass dies nicht nötig wäre. Insbesondere wenn man sich vor Augen führt, dass die Zeit mit Kindern, vor allem mit Kleinkindern, Ähnlichkeit mit dem Führungsalltag hat, sollte man annehmen, dass gerade Frauen mit Kindern gute Führungskräfte wären. Dasselbe gilt natürlich auch für Männer bzw. Väter.

Dass hinterher für ein Vermeiden von Doppelbelastung und ein funktionierendes Familienleben flexiblere Lösungen für den Arbeitsalltag her müssen, ist unbestritten. Sicherlich brauchen solche Änderungen Zeit. Es muss ein Umdenken stattfinden, das es Frauen ermöglicht, ihre Potenziale zu entfalten. Und zwar in jeder Hinsicht, sowohl was den Beruf, als auch was die Familie betrifft.

Ich plädiere also dafür, dass wir die Zeit der Kindererziehung nicht mehr wie bisher als ‚verschenkt' für ein Unternehmen betrachten, sondern als Gewinn. Ein Gewinn, weil man durch den Umgang mit – insbesondere kleinen – Kindern etwas lernt für den Führungsalltag.

7 Literatur

Endnoten im Text

Kapitel 1
[i] *Senlor TED-Vortrag (2014)*
Senior, Jennifer „All Joy and No Fun: The Paradox of Modern Parenthood" TED- Vortrag (2014)

Kapitel 2
[ii] *Personalmagazin (2010)*
Kößler, M. „Wo sind die Familienmanager?" Personalmagazin, Ausgabe 3 (2010)

[iii] *Führungskräftestudie der Haufe-Akademie (2009)*
In: Kößler, M. „Wo sind die Familienmanager?" Personalmagazin, Ausgabe 3 (2010)

Kapitel 3
[iv] *Lewin & Lippitt (1938)*
Lewin, K. & Lippitt, R. A. „An experimental approch to the study of autocracy and democracy" Sociometry, Ausgabe 1 (1938)

[v] *Tannenbaum & Schmidt (1958)*
Tannenbaum, R. & Schmidt, W. H. „How to choose a leadership pattern. Harvard Business Review" Ausgabe 36 (1958)

[vi] *Elder (1962)*
Elder, G. H. „Structural variations in the child rearing relationship" Sociometry Ausgabe 25 (1962)
[vii] *Blake & Mouton (1964)*
In: Kasper, H. & Mayerhofer, W. „Personalmanagement, Führung, Organisation" Wien: Linde (3. Auflage 2002)

[viii] *Tausch & Tausch (1963)*
In: Schneewind, K. & Böhmert, B. (1963) „Freiheit in Grenzen – Begründung eines integrativen Medienkonzepts zur Stärkung elterlicher Erziehungskompetenzen" Bern: Huber

Kapitel 4
[ix] *Rogers (1902-1987)*
In: Weidenmann, B & Krapp, A. „Pädagogische Psychologie"
5. Auflage, Weinheim: Beltz (2006)

Und in: Weinert, A. B. „ Organisationspsychologie" Ein Lehrbuch, 5., vollst. überarb. Aufl. Weinheim: Beltz (2004)

[x] *Maslow (1943)*
In: Maslow, A. „A Theory of Human Motivation" Psychological Review Vol. 50 (1943)

[xi] *Deci & Ryan (1985a)*
Deci, E. L., & Ryan, R. M. „Intrinsic motivation and self-determination in human behavior" New York: Plenum (1985a)

[xii] *managerSeminare (2001)*
Freya, G. managerSeminare, Heft 51, „Work-Life Balance" (2001)

Kapitel 5
[xiii] *Bundesministerium für Familie, Senioren, Frauen und Jugend (2011)*
Bundesministerium für Familie, Senioren, Frauen und Jugend „Charta für familienbewusste Arbeitszeiten." (2011)

[xiv] *n-tv-online, Februar 2011*

[xv] *www.demographie-portal.de*
Enquète-Kommission „Demographischer Wandel" des Deutschen Bundestages, Schlussbericht (2013)
www.demographie-portal.de

[xvi] *www.demographie-portal.de*
Enquête-Kommission „Demographischer Wandel" des Deutschen Bundestages, Schlussbericht (2013)
www.demographie-portal.de

[xvii] *Bundesinstitut für Bevölkerungsforschung (2012)*
Bundesinstitut für Bevölkerungsforschung (Hrsg.) „(Keine) Lust auf Kinder". Geburtenentwicklung in Deutschland (2012)

[xviii] *Statistisches Bundesamt (2013)*
Zitiert nach: Spiegel online Report zu „Geburtentrends und Familiensituation in Deutschland." (2013)

[xix] *personalmanager (2012)*
„TopSharing – Wenn Führungskräfte ihren Job teilen"

[xx] *FAZ (2017) Beruf & Chance. „Teilzeit in der Chefetage"*

[xxi] *Zeit online (Januar 2014)*
Steffen, T. „Väter tun sich mit Teilzeit schwer." Zeit online 13.1.2014

[xxii] *Allensbach-Institut (2013)*
Allensbach-Institut „Wenn Eltern die Wahl haben. Eine repräsentative Forsa-Studie von Eltern." Berlin (2013)

[xxiii] *Institut der deutschen Wirtschaft, Köln (2013)*
Institut der deutschen Wirtschaft, Köln „Auf dem Weg zu einer familienfreundlichen Arbeitswelt." Sonderauswertung des Unternehmensmonitors Familienfreundlichkeit (2013)

[xxiv] *Zeit online (Januar 2014)*
Petropulos, Kosta. „Neue Väter, neue Probleme." Zeit online, (Gesellschaft) (10.1.2014)

[xxv] *Literarische Welt (2014)*
Franck, Julia. „Schreiben und Kinder sind unvereinbar." Die Welt (Feullieton, Literarische Welt) (17.1.2014)

[xxvi] *Zeit online (Januar 2014)*
Steffen, Tilman. „Väter tun sich mit Teilzeit schwer." Zeit online (13.1.2014)

[xxvii] *Zeit online (April 2014)*
Reuters, AFP, dpa „DIHK unterstützt 35-Stunden-Woche." Zeit online (Politik, 5.4.2014)

[xxviii] *Zeit online (März 2014)*
AFP, dpa, kg „Viele Frauen wollen mehr arbeiten." Zeit online (Wirtschaft, März 2013)

[xxix] *Deutsches Institut für Wirtschaftsforschung Köln (2013)*
Deutsches Institut für Wirtschaftsforschung (2013) „Auf dem Weg zu einer familienfreundlichen Arbeitswelt. Sonderauswertung des Unternehmensmonitors Familienfreundlichkeit 2013."

[xxx] *Bundesministerium für Familie, Frauen, Senioren und Jugend (2012)*
Broschüre des Bundesministeriums für Familie, Frauen, Senioren und Jugend „Familienorientierte Arbeitszeiten. Herausforderung und Lösungsansätze aus der Unternehmenspraxis." Erfolgsfaktor Familie (Februar 2012)

Kapitel 6
[xxxi] Bundesministerium für Wirtschaft und Energie (BMWi) *(2014A)*
Seyda, S. „Fachkräftemangel in deutschen Unternehmen." Bundesministerium für Wirtschaft und Energie (Hrsg.) Amt für Öffentlichkeitsarbeit (2014)

[xxxii] *Bundeswirtschaftsministerium (2014 B)*
Demary, V. & Seyda, S. Bundesministerium für Wirtschaft und Energie (BMWi) (Hrsg) Engpassanalyse 2013 Abteilung für Öffentlichkeitsarbeit (2014)

[xxxiii] *Artikel 3 des Grundgesetzes der Bundesrepublik Deutschland (1949)*
Grundgesetz (GG) der Bundesrepublik Deutschland Artikel 3 (1949)

[xxxiv] *Institut Sinus Sociovision, Heidelberg (2009)*
von der Leyen, U., Institut Sinus Sociovision, Heidelberg Pressemitteilung Berlin „Schritt für Schritt mehr Frauen in die Aufsichtsräte" Studie und Kongress im Auftrag des Bundesfamilienministeriums (16.9.2009)

[xxxv] *Die Zeit (2010)*
Bund, K. & Storn, A.: „Mit ihr geht's besser!" Die Zeit 32, (5.8.2010)

[xxxvi] *Heiß (2011)*
Heiß, M.„Yes she can. Die Zukunft des Managements ist weiblich." München: Redline (2011)

[xxxvii] *12. koordinierte Vorausberechnung des statistischen Bundesamtes (2009)*

[xxxviii] *Institut Sinus Sociovision, Heidelberg (2009)*
Institut Sinus Sociovision, Heidelberg Pressemitteilung: Berlin, „Schritt für Schritt mehr Frauen in die Aufsichtsräte." Studie und Kongress im Auftrag des Bundesfamilienministeriums (16.9.2009)

[xxxix] *Statistisches Bundesamt, Pressemitteilung (2009)*
Statistisches Bundesamt, Pressemitteilung Nr. 428 vom 12.11.2009

Literatur

alphabetisch

AFP, dpa, kg „Viele Frauen wollen mehr arbeiten." Zeit online (Wirtschaft, März 2013)

Allensbach-Institut „Wenn Eltern die Wahl haben. Eine repräsentative Forsa-Studie von Eltern." Berlin (2013)

Barbuto, J. & Scholl, R. (2006) In: Heckhausen, J. & Heckhausen, H.: Motivation und Handeln. Hamburg: Springer Verlag

Berne, E. (2013) Spiele der Erwachsenen. Die Psychologie der menschlichen Beziehungen. (14. Auflage) Reinbek: Rowohlt

Beyer S. & Voigt, C. „Warum Deutschland die Frauenquote braucht. Eine Streitschrift." In: Der Spiegel, Ausgabe vom 31.11.2011

Blake & Mouton (1964). In: Kasper/Mayerhofer (3. Auflage 2002): Personalmanagement, Führung, Organisation. Wien: Linde

Broschüre des Bundesministeriums für Familie, Frauen, Senioren und Jugend „Familienorientierte Arbeitszeiten. Herausforderungen und Lösungsansätze aus der Unternehmenspraxis." Erfolgsfaktor Familie (Februar 2012)

Bund, K. & Storn, A.: „Mit ihr geht's besser!" In: Die Zeit Nummer 32, (5.8.2010)

Bundesinstitut für Bevölkerungsforschung (Hrsg.) „(Keine) Lust auf Kinder". Geburtenentwicklung in Deutschland (2012)

Bundesministerium für Familie, Senioren, Frauen und Jugend „Charta für familienbewusste Arbeitszeiten" (2011)

Deci, E. L., & Ryan, R. M. (1985a). Intrinsic motivation and self-determination in human behavior. New York: Plenum

Deutsches Institut für Wirtschaftsforschung „Auf dem Weg zu einer familienfreundlichen Arbeitswelt. Sonderauswertung des Unternehmensmonitors Familienfreundlichkeit 2013."

Deutsches Institut für Wirtschaftsforschung, DIW Wochenbericht Nummer 4/2011

Elder, G. H. Structural variations in the child rearing relationship. Sociometry, 25 (1962)

Enquête-Kommission „Demographischer Wandel" des Deutschen Bundestages, Schlussbericht (2013)

Franck, Julia. „Schreiben und Kinder sind unvereinbar." Die Welt (Feullieton) Literarische Welt (17.1.2014)

Freya, G. (2001) managerSeminare, Heft 51, Work-Life Balance. Bonn: managerSeminare Verlag

Grundgesetz (GG) der Bundesrepublik Deutschland (1949) Artikel 3

Heiß, M. (2011)„Yes she can. Die Zukunft des Managements ist weiblich." München: Redline

Herkner, W. (1991, 4. Auflage) Lehrbuch Sozialpsychologie. Bern, Stuttgart, Toronto: Huber

Institut der deutschen Wirtschaft, Köln „Auf dem Weg zu einer familienfreundlichen Arbeitswelt." Sonderauswertung des Unternehmensmonitors Familienfreundlichkeit (2013)

Kößler, M. Wo sind die Familienmanager? In: Personalmagazin, Ausgabe 3 (2010) Freiburg: Haufe

von der Leyen, U. Institut Sinus Sociovision, Heidelberg Pressemitteilung: Berlin, 16.9.2009 „Schritt für Schritt mehr Frauen in die Aufsichtsräte" Studie und Kongress im Auftrag des Bundesfamilienministeriums

Lewin, K. und Lippitt, R.A. An experimental approch to the study of autocracy and democracy. Sociometry 1938, 1

Lewin, K., Lippitt, R., & White, R. K. Patterns of aggressive behavior in experimentally created „social climates" Journal of Social Psychology, 10 (1939)

Maslow, Abraham H.: Motivation und Persönlichkeit (Originaltitel: Motivation and Personality Erstausgabe 1954, übersetzt von Paul Kruntorad) 12. Auflage, Reinbek: Rowohlt

Maslow, Abraham: A Theory of Human Motivation. In Psychological Review, 1943, Vol. 50

Petropulos, Kosta. „Neue Väter, neue Probleme" Zeit online, (Gesellschaft) 10.1.2014

Reuters, AFP, dpa „DIHK unterstützt 35-Stunden-Woche für Eltern" Zeit online (Politik, 5.4.2014)

Rost (Hrsg.) Handwörterbuch Pädagogische Psychologie (2001)

Schmale, Oliver (2017) Teilzeit in der Chefetage. Frankfurter Allgemeine Zeitung vom 3.4.2017 (Beruf und Chance)

Schulz von Thun, F. (2012) Miteinander Reden III. Kommunikationspsychologie für Führungskräfte Reinbek: Rowohlt

Senior, Jennifer, All Joy and No Fun: The Paradox of Modern Parenthood TED-Vortrag (2014)

Spiegel online Report zu „Geburtentrends und Familiensituation in Deutschland" (2013)

Statistisches Bundesamt, Pressemitteilung Nr. 428 vom 12.11.2009

Steffen, Tilman „Väter tun sich mit Teilzeit schwer" Zeit online (13.1.2014)

Tannenbaum und Schmidt: How to choose a leadership pattern. „Harvard Business Review" Nr. 36 (1958)

Tausch & Tausch (1963) in: Schneewind, K. & Böhmert, B.: „Freiheit in Grenzen" – Begründung eines integrativen Medienkonzepts zur Stärkung elterlicher Erziehungskompetenzen. Bern: Huber

Weidenmann & Krapp (2006) Pädagogische Psychologie, 5. Auflage, Weinheim: Beltz

Weinert, A. B.: Organisationspsychologie (2004): Ein Lehrbuch (5., vollst. überarb. Aufl.). Weinheim: Beltz

Wirtz, M. (Herausgeber) Dorsch. Lexikon der Psychologie. (16. Auflage, 2013) Göttingen: Hogrefe